Für

&

Von

Just married

ALLES LIEBE

ZUR HOCHZEIT

Wie schön, dass ihr
euch gefunden habt.
Und dass ihr euch traut.

HERZLICHEN GLÜCKWUNSCH
ZUR HOCHZEIT!

VON

ganzem
Herzen

ALLES LIEBE
UND GUTE FÜR EUCH, UND ...

... SUPER VIEL SPASS,
SPANNENDE ERLEBNISSE,
TOLLE MOMENTE UND

alles Glück
der Welt.

EINE GUTE EHE

IST WIE EIN DIAMANT.

Sie funkelt und glänzt,

TROTZ ECKEN UND KANTEN.

Ihr beide seht heute
fantastisch aus
und seid überhaupt

GANZ TOLLE
MENSCHEN.

EURE HOCHZEIT
IST EIN

wichtiger
Meilenstein

IN EUREM LEBEN, ...

... DER EURE

Liebe

stärkt

UND FÜR

ALLE SICHTBAR MACHT.

NICHT IMMER
ERKENNT MAN EINE GROSSE
Liebesgeschichte
GLEICH, WENN SIE BEGINNT.

WIE WAR ES BEI EUCH?

LIEBE AUF
DEN ERSTEN, ODER
DOCH ERST
AUF DEN ZWEITEN

Blick?

Zufällig naht man sich,
man fühlt, man bleibt,
und nach und nach
wird man
verflochten.

Johann Wolfgang von Goethe

Ganz gleich,
wie es begonnen hat.

WICHTIG IST DOCH,

dass ihr beide heute
sagen könnt ...

Every lovestory is beautiful,

BUT OURS IS MY

MY FAVOURITE!

Nun geht es los:
Ihr habt euch und damit alles,
was ihr braucht, um ins

gemeinsame

Abenteuer

Ehe

zu starten.

THE ADVENTURE

begins ...

SEID WEITERHIN FÜREINANDER:

Lieblingsmensch,

TRAUMTÄNZER,

Glücksbringer

UND WUNSCHERFÜLLER, ...

... GEDANKENLESER,

COPILOT &

Lieb-Haber.

TWO SOULS

but a single thought, two hearts

THAT BEAT LIKE ONE. ♥

John Keats

Versüßt

euch euren Alltag,

... und genießt
jeden
TAG AUFS NEUE.

Gemeinsam

KÖNNT IHR

DAS LEBEN

ROCKEN.

Zukunft ist der Moment,

wo du deinem Vorsatz

Leben

gibst.

Silke Förster

DENN WAS GIBT
ES SCHÖNERES, ALS SICH
ZUSAMMENZUTUN UND SICH
immer wieder
gegenseitig
ZU BEREICHERN UND ZU UNTERSTÜTZEN.

Die Liebe allein
versteht das
Geheimnis,
andere zu beschenken
und dabei selbst reich zu werden.

Clemens Brentano

TWO
BECOME
one.

WAS KÖNNTE
ROMANTISCHER SEIN, ALS SICH

gemeinsame

Wünsche

ZU ERFÜLLEN ...

... UND SICH IN EINE

rosarote Zukunft

HINEINZUTRÄUMEN?

Seid
Weltenbummler und

GEGENSEITIGER

HEIMATHAFEN.

Together is
our favourite
PLACE TO BE!

UND FREUT EUCH,

DASS IHR EINANDER HABT,
DENN DIE WELT IST SCHÖN,

weil ihr

beide

MIT DRAUF SEID!

It's always

YOU & ME.

Aus deiner Liebe
und meiner Liebe
wird unsere

Carin Reiterer

JEDER VON EUCH HAT SICH
FÜR EINEN MENSCHEN
ENTSCHIEDEN,

*der ganz
besonders ist!*

Und ihr liebt euch

GERADE WEGEN
EURER EINZIGARTIGKEIT.

SAGT WEITERHIN
JEDEN TAG ZUEINANDER:

Ja,
ich will!

Believe,

love,

imagine
& dream
together.

Alles Liebe

FÜR EUCH ZWEI.

Heiraten ist nicht
das Happyend, sondern
immer erst ein

Anfang.

Federico Fellini

Ein kleines bisschen Liebe ...

... kann jeder gebrauchen.
Botschaften von Herzen finden Sie auf:

www.geschenkverlage.de
facebook.com/grohverlag
instagram.com/grohverlag

ZWEISAMKEIT 1000 KÜSSE

LIEBE GEBORGENHEIT HERZENS WÜNSCHE

Hab dich lieb Emotionen

SCHENKEN

Geschenke sollen von Herzen kommen. Warum also nicht mal dem Partner eine Freude bereiten – mit Worten, Bildern und ganz viel Emotionen? Es gibt schließlich kaum einen Menschen, den wir besser kennen. Somit ist jedes Geschenk auch irgendwie ein kleiner Liebesbeweis. Zum Beispiel dieses Buch, mit viel Liebe gestaltet und ausgewählt. Wir hoffen, dass es sein Ziel getroffen hat: mitten ins Herz…

Ihr Groh Team

Dieses Buch entstand in enger Zusammenarbeit mit meiner Kollegin Ursula Kohaupt.
Wir wünschen allen Traumpaaren alles Gute zur Hochzeit!

Vielen Dank an alle Beteiligten,
Paulina Palomino

Idee und Konzept: GROH Verlag. Das Werk einschließlich seiner Teile ist urheberrechtlich geschützt. Jede Verwertung außerhalb der engen Grenzen des Urheberrechtsgesetzes ist ohne Zustimmung des Verlages unzulässig und strafbar. Das gilt insbesondere für Kopien, Einspeicherung und Verarbeitung in elektronischen Systemen.

Textnachweis: Wir danken allen Autoren bzw. deren Erben, die uns freundlicherweise die Erlaubnis zum Abdruck von Texten erteilt haben.

Bildnachweis: Cover und Rückseite (alle Illustrationen): Shutterstock/art.tkach; Innenteil: S. 3, 4, 6, 7, 8, 9, 10, 15,21, 22, 23, 28, 32, 35, 37, 39, 41, 43, 45: Shutterstock/art.tkach; S. 12, 13, 16, 17, 24, 25, 27, 29, 30, 34, 36, 43 und Banner handgezeichnet: Shutterstock/nubenamo; S. 18 Shutterstock/TashaNatasha.

Layout und Satz: Christin Bussemas Ampersand loves
Gesamtherstellung: AZ Druck und Datentechnik GmbH, Kempten

Just married. Alles Liebe zur Hochzeit
GTIN 978-3-8485-2396-2
© 2020 Groh Verlag. Ein Imprint der Verlagsgruppe Droemer Knaur GmbH & Co. KG, München
www.geschenkverlage.de

4 5 6 7 8